인쇄일 · 2010년 8월 13일 1판 1쇄
발행일 · 2010년 8월 20일 1판 1쇄
글/그림 · 유니트픽쳐스
펴낸이 · 유원상   펴낸곳 · 상서각 출판사
등록 · 2002. 8. 22(제8-377호)
주소 · 서울시 은평구 불광동 268-5 201호
전화 · (02)356-5353   FAX · (02)356-8828
이메일 · sang53535@hanmail.net
홈페이지 · www.ssbook.kr

ISBN 978-89-7431-436-1 63710

받아쓰기왕 졸라맨

국어 교과서

따라쓰기

2-2

글·그림 유니트픽쳐스

상서각

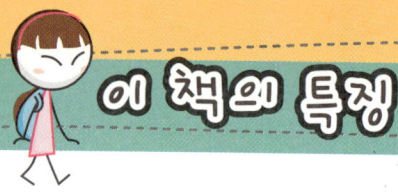 이 책의 특징

1 책의 단원 구성과 내용을 읽기, 쓰기, 듣기·말하기 영역으로 이루어진 국어 교과서와 동일하게 구성하여, 학습의 중요한 기초인 교과서를 중심으로 쓰기 학습이 이뤄지도록 하였습니다.

2 교과서의 과목과 쪽수가 표기되어 있어 예습과 복습에 활용할 수 있으며 교과서 안에서 선별한, 까다로운 낱말과 문장들을 반복적으로 써 봄으로써 받아쓰기에 대한 자신감을 키워 갈 수 있습니다.

3 쓰기 칸을 원고지로 구성하여 글씨를 바르고 고르게 쓰는 연습이 이루어질 뿐만 아니라, 동시에 올바른 원고지 사용법까지 자연스럽게 익힐 수 있습니다.

4 재미있는 그림과, 교과서 내용과 연계한 다양한 학습 만화가 함께 실려 있어 아이들이 지루해하지 않고 쓰기 학습을 꾸준히 해 나갈 수 있습니다.

5 각 단원별로 맨 마지막에 실시하는 받아쓰기 시험을 통해 그 단원의 중요한 낱말과 문장을 다시 한 번 확실하게 익히고 다질 수 있습니다.

 샤라랑

 에헴~

차례

1 느낌을 나누어요 · 15

2 바르게 알려 주어요 · 37

3 생각을 나타내요 · 57

4 마음을 주고받으며 · 75

5 어떻게 정리할까요? · 97

6 하고 싶은 말 · 115

7 재미가 솔솔 · 135

각 단원이
국어 교과서랑 똑같아요!
친구들~ 열공하세요~!

 글씨를 쓸 때의 바른 자세에 대하여 알아볼까요?

- 엉덩이를 의자 뒤쪽에 붙입니다.

- 허리를 곧게 폅니다.

- 고개를 조금만 숙입니다.

- 글씨를 쓰지 않는 손으로 공책을 살짝 눌러 줍니다.

- 두 발은 바닥에 나란히 닿도록 합니다.

 다음에 나오는 각각의 그림을 보고, 글씨를 쓰는 자세로 잘못된
점이 무엇인지 이야기해 보세요.

(X)

(X)

바른 자세

(X)

(X)

 연필을 바르게 잡는 방법에 대해 알아볼까요?

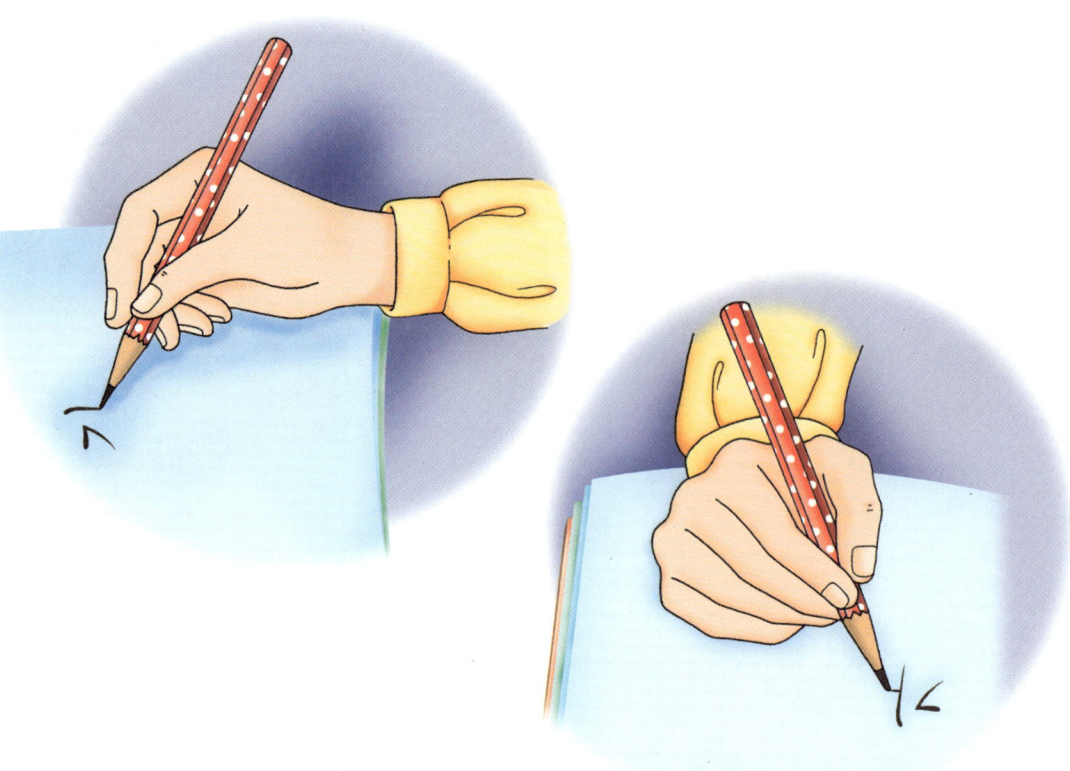

- 엄지손가락과 집게손가락의 모양을 둥글게 하여 연필을 잡습니다.

- 가운뎃손가락으로 연필을 받칩니다.

- 연필을 너무 세우거나 눕히지 않습니다.

- 연필을 잡을 때에 너무 힘을 주지 말고, 적당한 힘을 주어 잡습니다.

다음에 나오는 각각의 그림을 보고, 연필을 잡는 자세로 잘못된
점이 무엇인지 이야기해 보세요.

(X)

바른자세

(X)

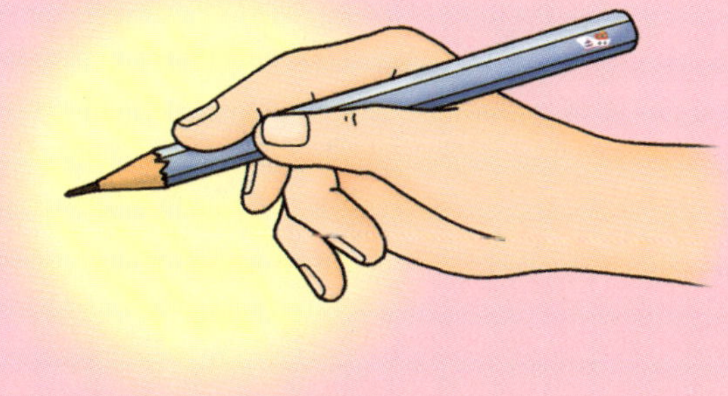

(X)

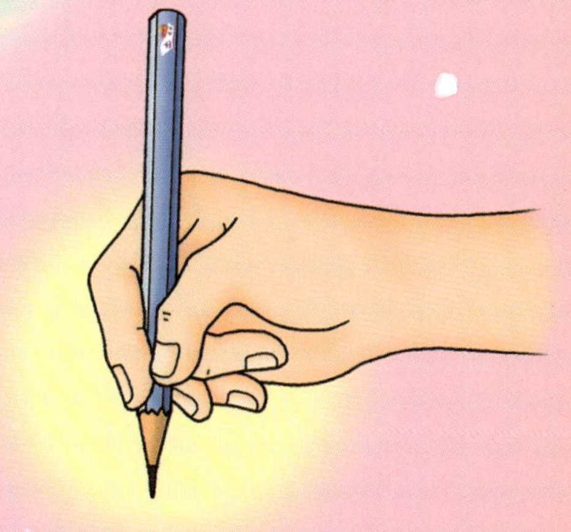

(X)

 다음 자음자를 순서에 맞게 바르게 쓰면서 익혀 보세요.

ㄱ 기역	ㄱ					
ㄴ 니은	ㄴ					
ㄷ 디귿	ㄷ					
ㄹ 리을	ㄹ					
ㅁ 미음	ㅁ					
ㅂ 비읍	ㅂ					
ㅅ 시옷	ㅅ					
ㅇ 이응	ㅇ					

ス 지읒	ス						
ㅊ 치읓	ㅊ						
ㅋ 키읔	ㅋ						
ㅌ 티읕	ㅌ						
ㅍ 피읖	ㅍ						
ㅎ 히읗	ㅎ						

난 명필 한석봉이다!
난 글을 쓸 테니 넌 떡을 썰어
떡볶기를 만들어라~

내가 네 엄마니?

다음 모음자를 순서에 맞게 바르게 쓰면서 익혀 보세요.

아	ㅏ							
야	ㅑ							
어	ㅓ							
여	ㅕ							
오	ㅗ							
요	ㅛ							
우	ㅜ							
유	ㅠ							
으	ㅡ							
이	ㅣ							

한 줄기에 조로롱 매
한 줄기에 조로롱 매

달린 은방울 열 개
달린 은방울 열 개

달랑달랑 방울 소리
달랑달랑 방울 소리

누가 들어 봤을까?
누가 들어 봤을까?

은방울에 맺힌 빗방울

도 흔들린다 향기까지

흔들린다

달랑
달랑

음~ 소리도 좋고
향기도 좋은데…
이건 또 무슨 냄새지?

??

뿡

재미있는 말의 느낌을 생각하며 전래동요 '들강달강'을 따라 써 보세요.

읽기 9쪽

들강달강 들강달강

서울 길을 올라가서

밤 한 되를 사다가

선반 밑에 두었더니

올	랑	졸	랑		생	쥐	가	
올	랑	졸	랑		생	쥐	가	
들	락	날	락		다		까	먹	고
들	락	날	락		다		까	먹	고
밤		한		톨	이		남	았	구	나
밤		한		톨	이		남	았	구	나

다음에 나오는 여러 가지 인형극의 종류와 특징을 선으로 바르게 연결해 보세요.

듣기 · 말하기 7쪽

그림자
인형극

인형의 머리, 손, 발 등에 줄을 매달아 표현합니다.

줄
인형극

인형에 빛을 비추어 그림자로 표현합니다.

손
인형극

얼굴에 탈을 쓰거나 옷을 직접 입고 표현합니다.

탈
인형극

인형 속에 손을 넣어 표현합니다.

인물의 마음이나 기분을 생각하며 '야들야들 다 익었을까?'에 나오는 글을 따라 써 보세요.

읽기 12~14쪽

옛날에 욕심 많은 양

반이 있었습니다.

"여기에서 꿩을 구워

먹고 가자꾸나."

내것은 내것
니것도 내것

에헴!

21

인물의 마음이나 기분을 생각하며 '야들야들 다 익었을까?'에 나오는 글을 따라 써 보세요.

양반이 꾀를 내어 말

양반이 꾀를 내어 말

하였습니다.

하였습니다.

내기 해서 이긴 사람이 다 먹기다~!

맨날 져 놓고 내기는 무슨~!

"야들야들 다 익었을

"야들야들 다 익었을

까? 쫄깃쫄깃 맛이

까? 쫄깃쫄깃 맛이

있을까? 냠냠 한번

있을까? 냠냠 한번

먹어 볼까?"

먹어 볼까?"

야호~! 내가
이겼다!!

럴수럴수~
이럴 수가…

탈썩

양반은 얼굴이 붉어져

양반은 얼굴이 붉어져

고개를 숙이고 말았어요.

고개를 숙이고 말았어요.

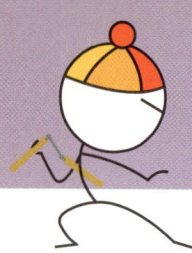

인물의 마음이나 기분을 생각하며 '퐁퐁이와 툴툴이'에 나오는 글을 따라 써 보세요.

읽기 16~19쪽

숲 속에 두 개의 옹

달샘이 있어요.

"내 모습을 망가뜨리

면 혼쭐을 낼 거야."

와! 옹달샘이 두 개네~!

어느 쪽 물을 마시지?

인물의 마음이나 기분을 생각하며 '퐁퐁이와 툴툴이'에 나오는 글을 따라 써 보세요.

"싫어! 털을 떨어뜨

릴 수도 있잖아?"

"마음껏 마시렴."

그러나 수북이 쌓인

가까이
오지 마!

어서 와~
얼마든지 마시렴.

인물의 마음이나 기분을 생각하며 '퐁퐁이와 툴툴이'에 나오는
글을 따라 써 보세요.

잎사귀들에 눌려 아무도

들을 수 없었어요.

이제 숲 속 동물들은

까맣게 잊었어요.

혹시
나 불렀어?

얘들아,
나 여기 있어!

아니!

보기 와 같이 주어진 낱말의 글자를 이용하여 두 글자의 새로운 낱말을 만들어 본 후, 바르게 써 보세요.

듣기 · 말하기 18쪽

보기

다리에 쥐가…

다리 아파!

실 습

실습

현 장

학 습

교 실

교 장

청 소

27

쓰기 7쪽

아침 일찍 교실에 들
어서니 쓰레기통 주변에
휴지가 많았다.

"다 같이 칭찬의 박

수 ! "

다음에도 휴지를 잘

주워야겠다.

여러분~ 재미있게 봤나요? 그럼 이번에는 아래의 시를 읽고 여러분이 직접 이 시의 제목을 지어 보세요!

제목

나태주

자세히 보아야
예쁘다

오래 보아야
사랑스럽다

너도 그렇다

오호홍~

딱!
나네~!

받아쓰기 5

불러 주시는 글을 잘 듣고 바르게 받아써 보세요.

① _____

② _____

③ _____

④ _____

⑤ _____

⑥ _____

⑦ _____

⑧ _____

⑨ _____

⑩ _____

틀린 글자가 있나요? 확실하게 익히도록 다시 한 번 써 보세요.

 받아쓰기 1-2

불러 주시는 글을 잘 듣고 바르게 받아써 보세요.

① _____

② _____

③ _____

④ _____

⑤ _____

⑥ _____

⑦ _____

⑧ _____

⑨ _____

⑩ _____

 틀린 글자가 있나요? 확실하게 익히도록 다시 한 번 써 보세요.

받아쓰기 1-3

불러 주시는 글을 잘 듣고 바르게 받아써 보세요.

①

②

③

④

⑤

⑥

⑦

⑧

⑨

⑩

틀린 글자가 있나요? 확실하게 익히도록 다시 한 번 써 보세요.

오랫동안 잠수한 고래

는 물 위로 올라와 참

고 있던 숨을 한꺼번에

숨구멍으로 뿜어낸단다.

글의 내용을 생각하며 '고래가 물을 뿜어요'에 나오는
글을 따라 써 보세요.

그때, 고래의 따뜻한 숨

과 차가운 공기가 서로

닿아 뭉치면서 흰 물보

라처럼 보이지.

뜻이 서로 비슷한 낱말들끼리 맞게 연결해 보고, 바르게 따라 써 보세요.

읽기 31~37쪽

구 실

동 무

모 습

교 훈

제 일

씁 니 다

친 구

역 할

가 장

모 양

가 르 침

사 용 합 니 다

파란색으로 쓴 말과 뜻이 비슷하여 바꾸어 쓸 수 있는 말을
보기 에서 찾아 써 보세요.

읽기 126~127쪽

보기

숙여   한가위   끌어   달립니다   계란   방학   모아

＊ 즐거운 추석입니다.

(   )

＊ 힘을 합쳐 청소합니다.

(   )

＊ 어른을 만나면 허리를 굽혀 인사합니다.

(   )

＊ 우리 집 닭이 달걀을 낳았습니다.

(   )

＊ 친구와 나란히 운동장을 뜁니다.

(   )

읽기 31쪽

예 로 부 터 전 해 져 오 는

짧 은 말 을 '속 담' 이 라 고

합 니 다.

속 담 은 교 훈 을 담 고

있습니다. 또, 조상의 지

혜가 담겨 있어 내 생

각을 좀 더 쉽고 분명

하게 전할 수 있습니다.

읽기 33~35쪽

나무나 돌을 깎아 만

든 장승을 본 적이 있

니?

도깨비처럼 무섭게 만

들거나 재미있고 우스꽝

스러운 모습으로 만들었

지. 친구인 듯 반갑게

인사하여 보면 어떨까?

한 글자씩 발음할 때와 이어서 발음할 때의 소리가 어떻게 다른지 살펴보고, 정확히 발음하며 따라 써 보세요.

듣기 · 말하기 20~21쪽

 낫 [낟] 낫이 [나시]

 낮 [낟] 낮이 [나지]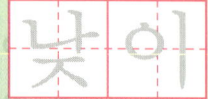

 낯 [낟] 낯이 [나치]

 입 [입] 입을 [이블]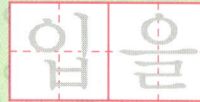

 잎 [입] 잎을 [이플]

 빗 [빋] 빗을 [비슬]

 빛 [빋] 빛을 [비츨]

'[ ]'는 소리 나는 대로 적을 때에 사용하는 표시예요.

이어서 발음할 때에는 원래의 받침대로 소리 나요.

46

말소리의 길이에 따라 뜻이 달라지는 낱말을 살펴보고, 정확히 발음하며 따라 써 보세요.

듣기 · 말하기 22~23쪽, 102~103쪽

[밤]	밤	[밤ː]

[굴]	굴	[굴ː]

[눈]	눈	[눈ː]

[발]	발	[발ː]

[솔]	솔	[솔ː]

글자는 같은데, 말소리의 길이가 달라요.

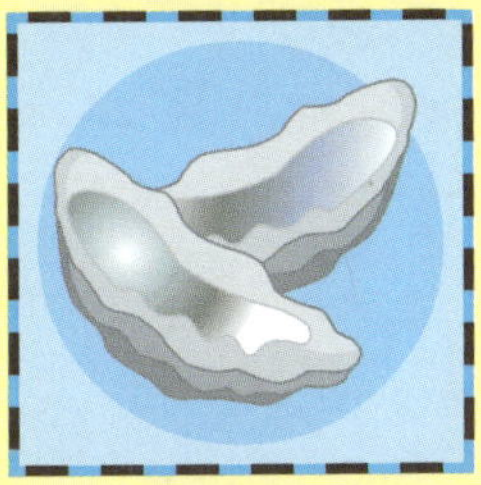

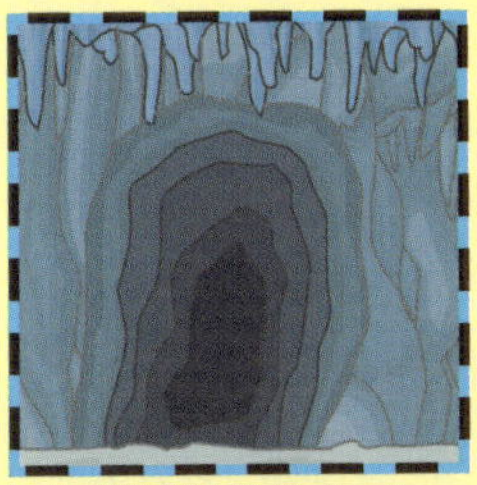

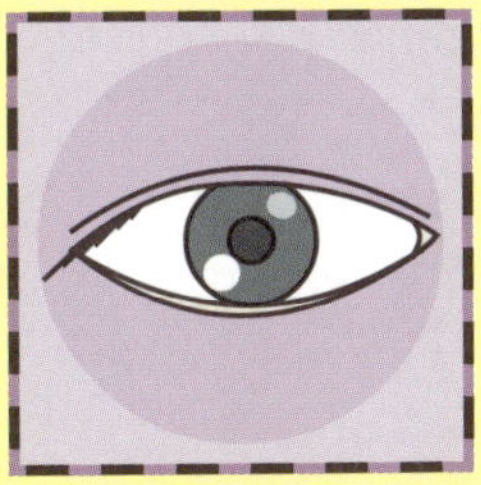

'ː'는 길게 소리 낼 때에 사용하는 표시예요.

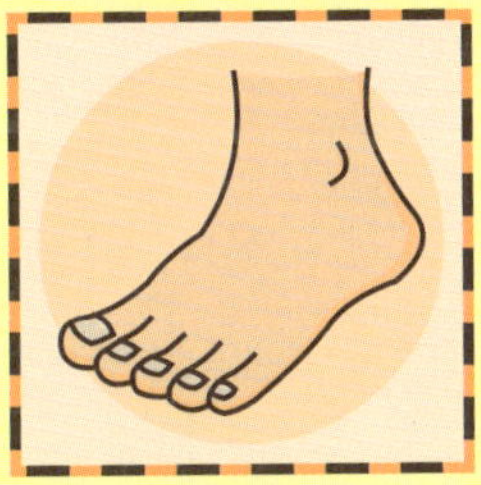

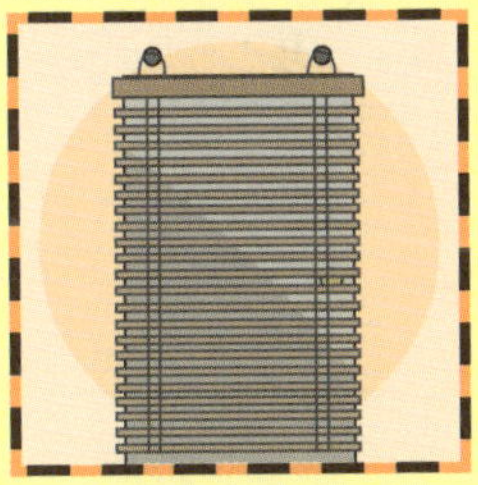

47

다음 문장 중 밑줄 친 잘못 쓴 글자를 바르게 고쳐 써 보세요.

쓰기 26~27쪽

● 형제들은 못생긴 아기 오리와 놀아 주지 <u>안았어요.</u>

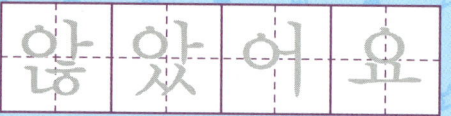

● 못생기고 옷도 지저분한 친구가 <u>실었어요.</u>

● 나는 《도깨비감투》라는 책을 재미있게 <u>잃었어.</u>

● 너도 이 책을 읽으면 재미있을 <u>꺼야.</u>

● 신기하게도 그 감투를 쓰면 몸이 <u>않 보여.</u>

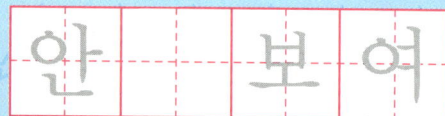

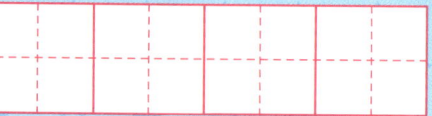

● 내게도 그런 감투가 있으면 <u>괜찮겠다는</u> 생각을 하였어.

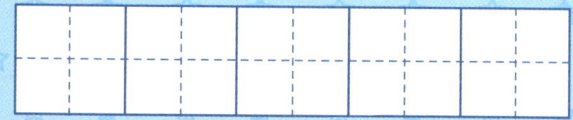

다음 나무보드판에 붙어 있는 낱말 카드 중 잘못 쓴 글자를 찾아 바르게 써 보세요.

쓰기 27쪽

겉모습

이러케

노랗다

지우게

단풍닙

있읍니다

보름달

가을바람

그런대

겉모습	단풍닙	이러케
겉모습	단풍잎	이렇게

지우게	그런대	있읍니다
지우개	그런데	있습니다

받아쓰기 2-1

불러 주시는 글을 잘 듣고 바르게 받아써 보세요.

① _____

② _____

③ _____

④ _____

⑤ _____

⑥ _____

⑦ _____

⑧ _____

⑨ _____

⑩ _____

틀린 글자가 있나요? 확실하게 익히도록 다시 한 번 써 보세요.

받아쓰기 2-2

불러 주시는 글을 잘 듣고 바르게 받아써 보세요.

① _____

② _____

③ _____

④ _____

⑤ _____

⑥ _____

⑦ _____

⑧ _____

⑨ _____

⑩ _____

틀린 글자가 있나요? 확실하게 익히도록 다시 한 번 써 보세요.

받아쓰기 2-3

불러 주시는 글을 잘 듣고 바르게 받아써 보세요.

① _____

② _____

③ _____

④ _____

⑤ _____

⑥ _____

⑦ _____

⑧ _____

⑨ _____

⑩ _____

틀린 글자가 있나요? 확실하게 익히도록 다시 한 번 써 보세요.

인물이 한 일을 생각하며 '세모, 네모, 동그라미'에 나오는 글을 따라 써 보세요.

읽기 40~41쪽

세 모 는 뽀 족 한 자 기

머 리 를 자 랑 하 였 고, 네 모

는 넓 적 한 자 기 얼 굴 을

자 랑 하 였 어 요.

난 브이 라인이야~

브이~!

내 얼굴은 커서 어디서든 잘 보여!

으하하~

…

인물이 한 일을 생각하며 '세모, 네모, 동그라미'에 나오는
글을 따라 써 보세요.

그때, 갑자기 비가 내

렸어요. 동그라미는 아무

말 없이 세모와 네모를

데려다 주었답니다.

업히니깐 좋다~!

진짜 무겁네…

끄응~

인물이 한 일을 생각하며 '지혜로운 아들'에 나오는 글을 따라 써 보세요.

읽기 43~46쪽

어느 고을에 심술궂은

어느 고을에 심술궂은

사또가 살았어.

사또가 살았어.

여봐라~ 이방!

오늘은 또 어떤 심술을 부리려고…

예~ 사또!

"여봐라, 이방. 산딸기

"여봐라, 이방. 산딸기

를 따 오너라."

를 따 오너라."

"이방이 아프다고?

음, 꾀병을 부리는구나."

사또가 어이없다는 듯

이 꾸짖었어.

정말 이방이
아픈 거 맞아?

속고만
사셨나?

네~

꾀병일
거야…

읽기 48~49쪽

"쓰레기를 함부로 버

리면 안 된단다."

"어머니, 지금부터라도

물이 오염되지 않게

해야겠어요. 물은 소중

하니까요. 개천에 떠다

니는 쓰레기부터 치워

봐요."

완전 쓰레기 천국 이네~

이건 왜 이렇게 무거워?

헉! 난 쓰레기 아닌데~!

살고 싶은 집에 대하여 서로의 생각을 말하고 있습니다.
각자의 생각과 그 까닭을 알맞게 연결해 보세요.

읽기 51~53쪽

나는 마당이 있는 집에서 살고 싶어!

그런 집에서 살면 친척이나 친구들이 놀러 와도 좋기 때문이야.

나는 방이 여러 개 있는 큰 집에서 살고 싶어!

강아지나 고양이도 기르고, 친구들과 뛰어놀기에도 좋기 때문이야.

나는 자동차처럼 움직이는 집에서 살고 싶어!

날마다 예쁜 꽃과 나무를 볼 수 있기 때문이야.

나는 주변 경치가 아름다운 집에서 살고 싶어!

가고 싶은 곳을 어디든지 갈 수 있으니, 많은 곳을 여행할 수 있기 때문이야.

다른 사람에게 부탁하는 글을 쓸 때에 어떤 점을 주의하여야
할지 알맞은 말끼리 연결해 보세요.

쓰기 33쪽

내 생각만

들어줄 수 있는

부탁받는 사람의

부탁인지

무조건

사정을

생각한다.

배려한다.

강요하지 않는다.

65

지언이가 부모님께 부탁드리고 싶은 것이 무엇인지 살펴보며, 지언이가 쓴 편지글을 따라 써 보세요.

쓰기 34쪽

엄마, 아빠께
엄마, 아빠께

주말에 야외로 나들이
주말에 야외로 나들이

가요. 요즈음 텔레비전에
가요. 요즈음 텔레비전에

지언이가 부모님께 부탁드리고 싶은 것이 무엇인지 살펴보며,
지언이가 쓴 편지글을 따라 써 보세요.

서 단풍이 예쁘게 물들
서 단풍이 예쁘게 물들

었다고 하는데 구경 가
었다고 하는데 구경 가

고 싶어요.
고 싶어요.

자, 어때?
이쁘지?

나 혼자라도
갈 거예요!

우리 동네
단풍도
이쁘네~

부탁하는 글을
쓸 때에는 먼저, 읽을 사람의
마음을 생각하며 썼는지
살펴보아야 해요!

또한, 읽을 사람에
맞게 예의 바른 말을
사용하고 있는지도
살펴보아야 해요.

선생님
안녕하세요?

그래~

헉!!
한미모 선생님
이시다!

너무
예뻐~

선생님
안녕하세요?

부끄부끄

꾸벅!

그래,
안녕~!

아~ 너무
아름다우…

픽

악!
내 작품!

어떡해!

콰직
구르르

작품은
무슨~

눈을 어디다가
달고 다니는 거야?

맞을래?

열심히
만든 건데…

네가 와서
부딪혔잖아!!

적반하장도
유분수지!

지금
해 보자는
거냐?

못생기고 공부도
못하는 게~!

너보단
좀 낫거든?

불러 주시는 글을 잘 듣고 바르게 받아써 보세요.

① _____

② _____

③ _____

④ _____

⑤ _____

⑥ _____

⑦ _____

⑧ _____

⑨ _____

⑩ _____

틀린 글자가 있나요? 확실하게 익히도록 다시 한 번 써 보세요.

받아쓰기 3-2

불러 주시는 글을 잘 듣고 바르게 받아써 보세요.

① _____

② _____

③ _____

④ _____

⑤ _____

⑥ _____

⑦ _____

⑧ _____

⑨ _____

⑩ _____

틀린 글자가 있나요? 확실하게 익히도록 다시 한 번 써 보세요.

불러 주시는 글을 잘 듣고 바르게 받아써 보세요.

1

2

3

4

5

6

7

8

9

10

틀린 글자가 있나요? 확실하게 익히도록 다시 한 번 써 보세요.

서울 쥐가 시골 쥐에게 쓴 초대하는 글에 나오는 다음 문장을 바르게 따라 써 보세요.

쓰기 44쪽

시골 쥐야, 건강하게

시골 쥐야, 건강하게

잘 지내고 있니?

잘 지내고 있니?

지난번에 너희 집으로

지난번에 너희 집으로

서울 쥐야, 어서 먹어!

고… 고마워!

이런 맛없는 것들을 어떻게 먹고 살지?

서울 쥐가 시골 쥐에게 쓴 초대하는 글에 나오는 다음 문장을
바르게 따라 써 보세요.

초대해 주어서 고마워.

그때는 정말 즐거웠단다.

이번에는 우리 집에

시골 쥐야,
많이 먹어!

네가 이런 걸
평생 어디서 먹어
보겠냐!

우와~
굉장하다!

서울 쥐가 시골 쥐에게 쓴 초대하는 글에 나오는 다음 문장을 바르게 따라 써 보세요.

너를 초대하고 싶어. 우

리 집에 와서 맛있는

음식도 많이 먹고 즐겁

게 지냈으면 좋겠어.

시골 쥐에게

어저께도 홍시 하나

오늘에도 홍시 하나

우리 오빠 오시걸랑

맛 뵐려구 남겨 뒀다

후락 딱딱 훠이훠이 !

'끝말잇기 놀이'를 해 볼까요? 빈칸에 알맞은 두 글자 또는 세 글자 낱말을 적어 보세요.

듣기 · 말하기 44~45쪽

'가운데 말 잇기 놀이'를 해 볼까요? 빈칸에 알맞은 낱말을 적어 보세요.

읽기 61~62쪽

드디어 나와 내 짝

민지 차례가 되었다. 내

가 몰고 가던 공이 민

지가 찬 공과 부딪쳤다.

'민지야, 미안해'에 나오는 글을 따라 써 보세요.

민지의 얼굴이 빨갛게

변해 있었다. 옷에는 흙

이 묻어 있었다. 나에게

눈길도 주지 않았다.

글쓴이의 마음을 생각하며 '책이 준 선물'에 나오는 글을 따라 써 보세요.

읽기 64~65쪽

"어머니, 제가 쓴 시

가 뽑혀서 학교 누리

집에 실렸어요!"

엄마, 제 시가 우리 학교 누리집에 실렸어요!

네가 날 닮았구나~!

글썽글썽

어머니께서는 내가 쓴

시를 읽으며 흐뭇해하셨

다. 그리고 내 손을 꼭

잡아 주셨다. 어머니의

손이 따스하였다.

'말 덧붙이기 놀이'를 해 볼까요? '학교에 가면'으로 '말 덧붙이기 놀이'를 재미있게 이어 가 보세요.

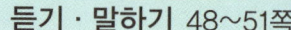

듣기 · 말하기 48~51쪽

아들의 마음을 생각하며 '백두산 장생초'에 나오는 글을 따라 써 보세요.

읽기 67~71쪽

오랜 옛날, 백두산 아

래 외딴 마을에 어머니

와 아들이 살았습니다.

아들은 품삯을 받고 남

아들의 마음을 생각하며 '백두산 장생초'에 나오는 글을 따라 써 보세요.

의 일을 해 주며 살아

갔습니다.

어머니를 생각하는
너의 효심이 기특하여
조금 더 넣었다.

정말
감사합니다.

아들은 힘이 빠져 바

위 위에 주저앉았습니다.

아들의 마음을 생각하며 '백두산 장생초'에 나오는 글을 따라
써 보세요.

'아, 장생초를 구할

수 없단 말인가 !'

장생초는
어디에…

휙   휙

"젊은이, 여기는 무엇

하러 왔나 ?"

여기는
무엇 하러 왔나?

장생초를 구하러
왔습니다!

89

이번엔 1~5까지의 숫자로 문장만들기 놀이를 해 볼까?

어려운 건 싫은데…

제가 먼저 해 볼게요!

웬일이야?

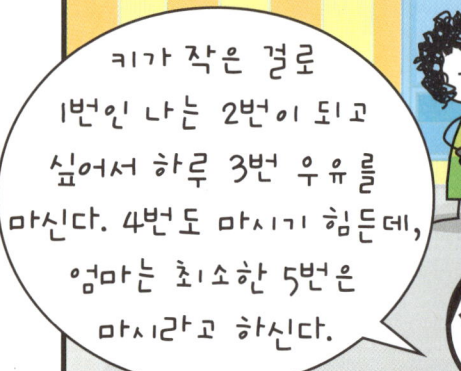

키가 작은 걸로 1번인 나는 2번이 되고 싶어서 하루 3번 우유를 마신다. 4번도 마시기 힘든데, 엄마는 최소한 5번은 마시라고 하신다.

마셔~!

헉!

허허~ 꼬마는 늘 키 얘기가 빠지지를 않는구나.

이번엔 제가 해 보겠습니다!

척

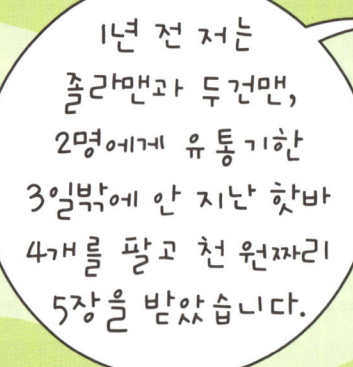

1년 전 저는 졸라맨과 두건맨, 2명에게 유통기한 3일밖에 안 지난 핫바 4개를 팔고 천 원짜리 5장을 받았습니다.

뭐라고??

어쩐지…
그때 나 식중독에
걸려 일 주일을
고생했다구!

난 온몸에
두드러기가 났어!

지금 멀쩡하면
됐지 뭐!

헹~

설마 그때 나
먹으라고 준 핫바가
그 핫바는 아니겠지?

설마~!

아니에요!
그건 10일 지난
거였어요.

완전 당당!

별탈 없음
됐죠~

먹을 거 가지고
장난치는 게 제일
나쁜 거야!!

흐억

자, 다음은
누가 해 볼까?

기분 탓인가?
갑자기 배가
아프네…

저요!!

헉! 똘아이걸~!

무슨 얘기를 하려고…

그래, 똘아이걸 한번 얘기해 봐라!

뭔가 무섭긴 하지만 기대되는 걸~

우리나라에서 미모가 1번째로 아름다운 저는 집에서 2째입니다. 3째는 못생겼어요. 저는 4명의 남자친구가 있었는데, 지금은 5번째 남자친구를 찾고 있습니다.

저의 남자친구가 되어 주시겠어요?

초롱

초롱

어쭈! 지금 나 무시하는 거야?

으악~!

나도 무서워~!

부르르

부르르

엄마야~

꺄악!

살려 줘~

문장 만들기 놀이 재미있게 보았나요? 그럼 앞의 내용을 참고해서 여러분이 직접 1~5까지의 숫자로 재미있는 이야기를 만들어 보세요~!

불러 주시는 글을 잘 듣고 바르게 받아써 보세요.

①
_____

②
_____

③
_____

④
_____

⑤
_____

⑥
_____

⑦
_____

⑧
_____

⑨
_____

⑩
_____

틀린 글자가 있나요? 확실하게 익히도록 다시 한 번 써 보세요.

불러 주시는 글을 잘 듣고 바르게 받아써 보세요.

① _____

② _____

③ _____

④ _____

⑤ _____

⑥ _____

⑦ _____

⑧ _____

⑨ _____

⑩ _____

 틀린 글자가 있나요? 확실하게 익히도록 다시 힌 빈 써 보세요.

받아쓰기 4-3

불러 주시는 글을 잘 듣고 바르게 받아써 보세요.

① _____

② _____

③ _____

④ _____

⑤ _____

⑥ _____

⑦ _____

⑧ _____

⑨ _____

⑩ _____

틀린 글자가 있나요? 확실하게 익히도록 다시 한 번 써 보세요.

설명하는 내용이 무엇인지 생각하며 '딱지치기'에 나오는 글을 따라 써 보세요.

읽기 76쪽

뒤 집 기 로   딱 지 를   따 려

면   자 기   딱 지 로   상 대 방

의   딱 지 를   쳐 서   뒤 집 어

야   합 니 다 .

뒤집기란 상대방의 딱지를 쳐서 뒤집는 거야.

이렇게?

휙!

설명하는 내용이 무엇인지 생각하며 '딱지치기'에 나오는 글을
따라 써 보세요.

쳐 내기를 할 때에는

원 안에 있는 상대방의

딱지를 원 밖으로 쳐

내서 따먹습니다.

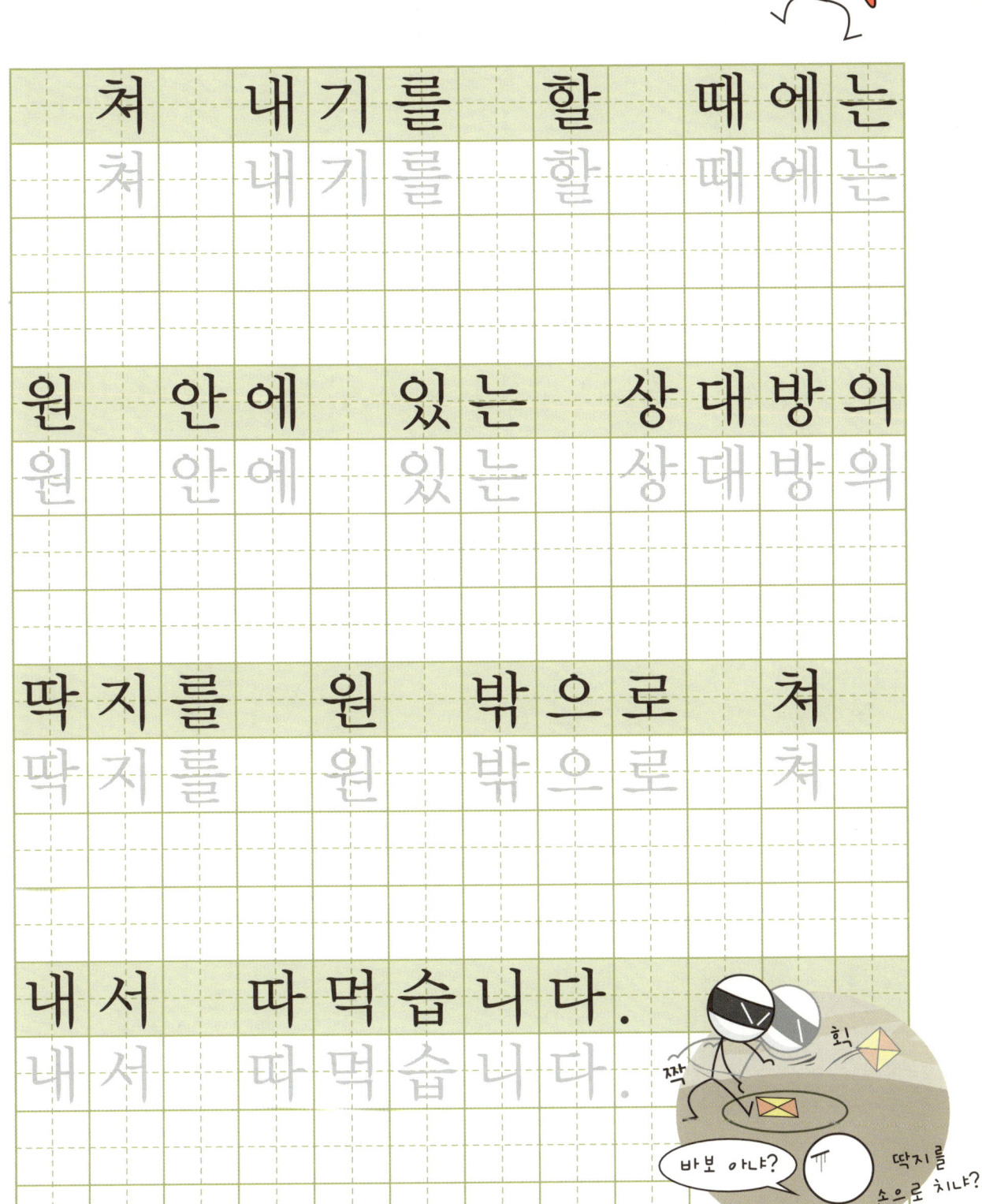

내용을 생각하며 '소중한 이'에 나오는 글을 따라 써 보세요.

읽기 78~79쪽

보통 일곱 살 때부터

보통 일곱 살 때부터

이갈이를 시작하여 열세

이갈이를 시작하여 열세

살이 되면 스물여덟 개

살이 되면 스물여덟 개

의 새 이가 납니다.

의 새 이가 납니다.

평소에 이를 깨끗이

닦는 습관을 가져야 하

겠습니다.

나처럼 건강한 이를 가지려면 평소에 이를 깨끗이 닦는 습관을 가져야 해~!

나는야~ 건치 어린이!

다도 열심히 닦을걸...

욱신 욱신 믿을 수 없어!

틀림없이 저건 틀니일 거야~!

낱말 사이의 관계, 즉 포함하는 낱말과 포함되는 낱말을 살펴보고 바르게 따라 써 보세요.

읽기 82~83쪽

'범부채꽃', '구절초꽃', '패랭이꽃'은 모두 '들꽃'이라는 낱말에 포함되는 낱말이에요.

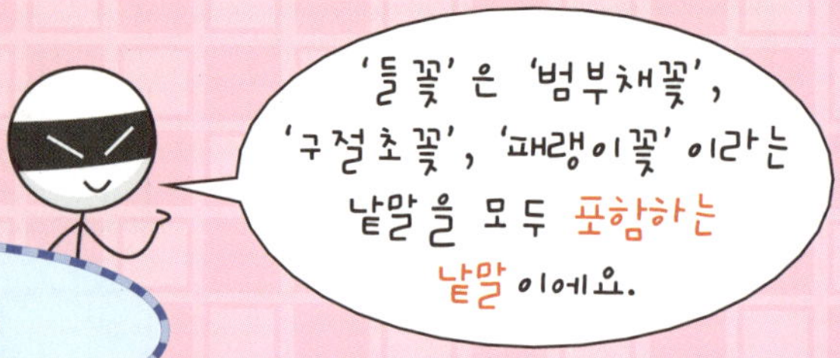

'들꽃'은 '범부채꽃', '구절초꽃', '패랭이꽃'이라는 낱말을 모두 포함하는 낱말이에요.

들꽃

| 범부채꽃 | 구절초꽃 | 패랭이꽃 |

채소

오이　상추　고추　호박

나무

전나무　잣나무　소나무

낱말 사이의 관계를 생각하며 다음 낱말에 포함되는 낱말들을 적어 보세요.

읽기 87, 128쪽

과일

사과　　　　　　복숭아

배

꽃

진달래　　　　　봉선화

장미

공

축구공

테니스공

야구공

낱말 사이의 관계를 생각하며 '천연 염색 이야기'에 나오는 글을 따라 써 보세요.

읽기 84~85쪽

우리 조상은 자연에서

우리 조상은 자연에서

색을 얻어 옷감에 물을

색을 얻어 옷감에 물을

들였습니다.

들였습니다.

이 넥타이는 치자를 끓여서 노랗게 염색한 거야.

네 옷도 염색해 줄까?

머리는 안 되나?

식물 염료로는 치자와

식물 염료로는 치자와

낱말 사이의 관계를 생각하며 '천연 염색 이야기'에 나오는
글을 따라 써 보세요.

쪽 등이 있습니다.

동물 염료로는 오징어

먹물과 벌레, 조개 등이

있습니다.

좌아악~
으악!

 무엇을 설명하는 글인지 살펴보며 바르게 따라 써 보세요.

토끼에게 먹이를 줄

때에는 주의하여야 한다.

토끼에게 젖은 풀을 주

106

면 병에 걸리기 쉽다.

풀은 하루 정도 그늘에

서 말렸다가 주면 좋다.

네~ 거인이 된다면 하고 싶은 일들이 참 많군요! 이번에는 만약 여러분 자신이 거인이 된다면 하고 싶은 일을 적어 볼까요?

꿈 맞거든!

우와~ 이게 꿈이야? 생시야?

 받아쓰기 5-1

불러 주시는 글을 잘 듣고 바르게 받아써 보세요.

① _____

② _____

③ _____

④ _____

⑤ _____

⑥ _____

⑦ _____

⑧ _____

⑨ _____

⑩ _____

 틀린 글자가 있나요? 확실하게 익히도록 다시 한 번 써 보세요.

받아쓰기 5-2

불러 주시는 글을 잘 듣고 바르게 받아써 보세요.

① _____

② _____

③ _____

④ _____

⑤ _____

⑥ _____

⑦ _____

⑧ _____

⑨ _____

⑩ _____

틀린 글자가 있나요? 확실하게 익히도록 다시 한 번 써 보세요.

113

받아쓰기 5-3

불러 주시는 글을 잘 듣고 바르게 받아써 보세요.

① _____

② _____

③ _____

④ _____

⑤ _____

⑥ _____

⑦ _____

⑧ _____

⑨ _____

⑩ _____

 틀린 글자가 있나요? 확실하게 익히도록 다시 한 번 써 보세요.

글쓴이의 의견이 무엇인지 생각하며 '쓰레기통을 놓아야 할까요?'에 나오는 글을 따라 써 보세요.

읽기 92~93쪽

| 그 | 러 | 나 | | 제 | | 생 | 각 | 은 | | 다 |

| 럽 | 니 | 다 | . | | 쓰 | 레 | 기 | 통 | 은 | | 비 | 우 |

| 기 | | 힘 | 들 | 고 | , | 제 | 때 | 에 | | 비 | 우 |

| 지 | | 않 | 으 | 면 | | 나 | 쁜 | | 냄 | 새 | 도 |

글쓴이의 의견이 무엇인지 생각하며 '쓰레기통을 놓아야 할까요?'에 나오는 글을 따라 써 보세요.

납니다. 그러므로 놀이터

납니다. 그러므로 놀이터

에 쓰레기통을 놓으면

에 쓰레기통을 놓으면

안 됩니다.

안 됩니다.

어우~! 이게 웬 지독한 냄새야?

꾸리 꾸리

왱~

왱~

치우면 안 돼! 우린 뭐 먹고 살라고!

저래서 쓰레기통을 놓으면 안 된다구~!

냄새가 두건 속까지 들어오네…

의견이 어떻게 다른지 살펴보며 '마을 회의'에 나오는 글을 따라 써 보세요.

읽기 95~96쪽

"길을 넓히려면 길가

의 나무를 많이 베어

야 할 거예요. 공기도

나빠지게 돼요."

건들지 마잉~

우릴 베어
내면 공기가
나빠진다구~!

118

의견이 어떻게 다른지 살펴보며 '마을 회의'에 나오는 글을 따라 써 보세요.

"길이 좁으니까 참

불편해요. 물건을 실어

나르기 어려워요."

보기 와 같이 '물'과 관계있는 말이 많이 나올 수 있게 끝말 잇기를 해 보세요.

쓰기 78쪽

보기

가 ▶ 가수

수돗물

분수 ◀ 기분 ◀ 물고기

호 ▶ 호수

수영장

바느질 도구들의 의견이 어떻게 다른지 살펴보며 '아씨방 일곱 동무'에 나오는 글을 따라 써 보세요.

읽기 98~101쪽

자 부인 : 옷감의 넓고 좁음,

길고 짧음은 내가 아

니면 알 수 없어.

가위 색시 : 옷감을 잘 재어 본

들 자르지 않으면 무

들 자르지 않으면 무

순 소용이 있나요?

순 소용이 있나요?

비늘 각시 : 내가 없으면 옷을

: 내가 없으면 옷을

만드는 바느질은 절대

만드는 바느질은 절대

122

바느질 도구들의 의견이 어떻게 다른지 살펴보며 '아씨방 일곱 동무'에 나오는 글을 따라 써 보세요.

로 할 수 없어요.

로 할 수 없어요.

홍실 각시 : 실이 없는 바늘이

: 실이 없는 바늘이

무슨 일을 하겠니?

무슨 일을 하겠니?

골무 할미 : 아씨 손 다칠세라

: 아씨 손 다칠세라

바느질 도구들의 의견이 어떻게 다른지 살펴보며 '아씨방 일곱 동무'에 나오는 글을 따라 써 보세요.

밤낮 시중드는 것도

바로 나야.

내가 있으니깐 아씨 손이 안 다치는 거야~

까불지 마~

체!

인두 낭자 : 울퉁불퉁한 구석을

살피고 다듬어서 제

바느질 도구들의 의견이 어떻게 다른지 살펴보며 '아씨방 일곱
동무'에 나오는 글을 따라 써 보세요.

모양 잡아 주는 것이

누군데요?

내가 있어야 원래의
모양이 잡혀지지~!

다리미 소저

:구겨지고 접힌 곳을

내가 말끔히 펴 주죠.

글쓴이가 하고 싶은 말이 무엇인지 생각하며 다음 글을 바르게 따라 써 보세요.

쓰기 68쪽

요즈음 우리 반 교실

요즈음 우리 반 교실

이 매우 지저분합니다.

이 매우 지저분합니다.

앞으로는 교실에 휴지를

앞으로는 교실에 휴지를

마구 버리지 맙시다.

마구 버리지 맙시다.

교실을 내 방같이

내 방이 더 지저분한데···

 두 그림을 살펴보고, 서로 다른 곳을 찾아 동그라미를 그려 보세요.

읽기 104쪽

이번에는 여러분이 아래의 학용품이 되었다고 생각하고, 자기 자랑을 자신 있게 한번 써 보세요!

연필

지우개

공책

크레파스

받아쓰기 6-1

불러 주시는 글을 잘 듣고 바르게 받아써 보세요.

① _____

② _____

③ _____

④ _____

⑤ _____

⑥ _____

⑦ _____

⑧ _____

⑨ _____

⑩ _____

틀린 글자가 있나요? 확실하게 익히도록 다시 한 번 써 보세요.

① _____

② _____

③ _____

④ _____

⑤ _____

⑥ _____

⑦ _____

⑧ _____

⑨ _____

⑩ _____

 틀린 글자가 있나요? 확실하게 익히도록 다시 한 번 써 보세요.

받아쓰기 6-3 불러 주시는 글을 잘 듣고 바르게 받아써 보세요.

① _____

② _____

③ _____

④ _____

⑤ _____

⑥ _____

⑦ _____

⑧ _____

⑨ _____

⑩ _____

 틀린 글자가 있나요? 확실하게 익히도록 다시 한 번 써 보세요.

이어질 내용을 생각하며 '하마의 눈알 찾기'에 나오는 글을 따라 써 보세요.

쓰기 82~83쪽

"하마가 눈알을 잃어

버렸다!"

> 내 왼쪽 눈 어디 갔어?
>
> 철푸덕 철푸덕
>
> 으악~ 살려 줘~!

하마는 엉엉 울면서

물속을 헤집고 다녔습니

이어질 내용을 생각하며 '하마의 눈알 찾기'에 나오는 글을 따
라 써 보세요.

다. 그럴수록 강물은 점

점 뿌옇게 변하고…….

다음은 거리에서 볼 수 있는 가게들입니다. 보기 와 같이 가게에 어울리는 멋진 우리말 이름을 지어 보세요.

듣기 · 말하기 96쪽

보기

향기로운 꽃집

내 얼굴처럼 아름다운 꽃집이에용~

우엑~

달 달 무슨 달

쟁반같이 둥근 달

어디어디 떴나

남산 위에 떴지.

어떤 느낌이 드는지 생각하며 시 '산 위에서 보면'을 따라 써 보세요.

읽기 109쪽

산 위에서 보면

학교가 나뭇가지에

달렸어요.

이런 세상에! 학교가
나뭇가지에 걸려 있다니~!

새장처럼 엮어 놓은

창문에,

창문에,

참새 같은 아이들이

참새 같은 아이들이

쏙쏙

쏙쏙

얼굴을 내밀지요.

얼굴을 내밀지요.

어떤 일이 이어질지 상상하며 '거꾸로 나라 임금님'에 나오는 글을 따라 써 보세요.

읽기 112~113쪽

한참을 헤매다가 '거꾸

한참을 헤매다가 '거꾸

로 나라로 가는 길' 이

로 나라로 가는 길' 이

라는 푯말을 발견했어요.

라는 푯말을 발견했어요.

갑자기 몸이 가벼워지

갑자기 몸이 가벼워지

어떤 일이 이어질지 상상하며 '거꾸로 나라 임금님'에 나오는 글을 따라 써 보세요.

는 것 같더니 머리가

땅바닥에 닿았습니다. 훈

이는 두 손으로 땅을

짚고 물구나무섰습니다.

책상 위에 팔꿈치를

세워 머리를 비스듬히

괴고 있는 아이도 있었

습니다. 그때, 칠성이 머

릿속에　번갯불처럼　스치

릿속에　번갯불처럼　스치

는　것이　있었습니다.

는　것이　있었습니다.

무슨　소가　세　발밖에

무슨　소가　세　발밖에

없단　말인고?

없단　말인고?

야! 얼른
내 크레파스
내 놔!

다리 하나만
더 그리고 줄게~

받아쓰기 7-1

불러 주시는 글을 잘 듣고 바르게 받아써 보세요.

① _____

② _____

③ _____

④ _____

⑤ _____

⑥ _____

⑦ _____

⑧ _____

⑨ _____

⑩ _____

틀린 글자가 있나요? 확실하게 익히도록 다시 한 번 써 보세요.

받아쓰기 7-2

불러 주시는 글을 잘 듣고 바르게 받아써 보세요.

① _____

② _____

③ _____

④ _____

⑤ _____

⑥ _____

⑦ _____

⑧ _____

⑨ _____

⑩ _____

틀린 글자가 있나요? 확실하게 익히도록 다시 한 번 써 보세요.

① _____

② _____

③ _____

④ _____

⑤ _____

⑥ _____

⑦ _____

⑧ _____

⑨ _____

⑩ _____

 틀린 글자가 있나요? 확실하게 익히도록 다시 한 번 써 보세요.

받아쓰기 1-1

❶ 한 줄기에 조로롱 매달린
❷ 누가 들어 봤을까?
❸ 은방울에 맺힌 빗방울도
❹ 향기까지 흔들린다.
❺ 밤 한 되를 사다가
❻ 선반 밑에 두었더니
❼ 들락날락 다 까먹고
❽ 밤 한 톨이 남았구나
❾ 가마솥에다 삶아서
❿ 겉껍질은 누나 주고

받아쓰기 1-2

❶ 꿩을 구워 먹고 가자꾸나.
❷ 양반이 꾀를 내어 말하였습니다.
❸ 야들야들 다 익었을까?
❹ 쫄깃쫄깃 맛이 있을까?
❺ 냠냠 한번 먹어 볼까?
❻ 시도 안 짓고 왜 고기를 먹느냐?
❼ 얼굴이 붉어져 고개를 숙이고
❽ 두 개의 옹달샘이 있어요.
❾ 망가뜨리면 혼쭐을 낼 거야.
❿ 털을 떨어뜨릴 수도 있잖아?

받아쓰기 1-3

❶ 마음껏 마시렴.
❷ 수북이 쌓인 잎사귀들에 눌려
❸ 아무도 들을 수 없었어요.
❹ 숲 속 동물들은 까맣게 잊었어요.
❺ 쓰레기통 주변에 휴지가 많았다.
❻ 다 같이 칭찬의 박수!
❼ 친구들이 축구를 하고 있었다.
❽ 괜찮다고 말해 주어서 고마웠다.
❾ 도서관이 조용하고 넓게 느껴진다.
❿ 좋은 책을 소개해 주고 싶다.

받아쓰기 2-1

❶ 박물관은 네 개의 전시실로 나뉘어
❷ 농사짓는 도구들
❸ 전쟁에 사용되었던 무기와 갑옷
❹ 매주 월요일은 쉽니다.
❺ 그렇다면 고래는 왜 물을 뿜을까?
❻ 참고 있던 숨을 한꺼번에
❼ 물속에서 숨을 쉴 수 없어
❽ 숨구멍이 왼쪽으로 치우쳐 있어
❾ 비스듬히 물을 뿜지.
❿ 고래의 모습이 새롭지?

받아쓰기 2-2

❶ 말을 곱게 하라는 뜻으로 씁니다.
❷ 예로부터 전해져 오는 짧은 말
❸ 속담은 교훈을 담고 있습니다.
❹ 생각을 좀 더 쉽고 분명하게
❺ 나무나 돌을 깎아 만든
❻ 왜 장승을 세워 놓았을까?
❼ 길을 알려 주는 역할도 하였어.
❽ 도깨비처럼 무섭게 만들거나
❾ 재미있고 우스꽝스러운 모습으로도
❿ 반갑게 인사하여 보면 어떨까?

받아쓰기 2-3

❶ 요술 램프를 얻어
❷ 양탄자를 타고 날아다닐 때에는
❸ 사막 한가운데로
❹ 옮긴다는 것이 믿어지나요?
❺ 형제들이 놀아 주지 않았어요.
❻ 지저분한 친구가 싫었는데
❼ 겉모습만 보고
❽ 그런데 몸이 안 보여.
❾ 감투가 있으면 괜찮겠다는 생각을
❿ 너도 읽으면 재미있을 거야.

받아쓰기 3-1

❶ 서로 자기 자랑을 하였어요.
❷ 세모는 뾰족한 자기 머리를
❸ 네모는 넓적한 자기 얼굴을
❹ 갑자기 비가 내렸어요.
❺ 얼른 나무 밑으로 굴러갔어요.
❻ 동그라미는 아무 말 없이
❼ 세모와 네모를 데려다 주었답니다.
❽ 심술궂은 사또가 살았어.
❾ 무슨 엉뚱한 일을 시킬지 몰라
❿ 늘 걱정이 되었어.

받아쓰기 3-2

❶ 찬바람이 쌩쌩 부는 겨울날
❷ 여봐라, 이방.
❸ 아버지께서 편찮으셔서
❹ 음, 꾀병을 부리는구나.
❺ 어이없다는 듯이 꾸짖었어.
❻ 사또님 말씀이 옳습니다.
❼ 얼굴을 붉히며 아무 말도
❽ 쓰레기를 함부로 버리면 안 된단다.
❾ 물이 오염되지 않게 해야겠어요.
❿ 개천에 떠다니는 쓰레기부터

받아쓰기 3-3

❶ 어떤 집을 만들면 좋을까요?
❷ 친구들과 뛰어놀기에도 좋아.
❸ 자동차처럼 움직이는 집이 있으면
❹ 여러 곳을 여행하고 싶어.
❺ 친척들이 놀러 와도 좋잖아?
❻ 경치가 아름다운 집에서
❼ 완성된 집을 보고
❽ 친구들은 즐거워하였습니다.
❾ 주말에 야외로 나들이 가요.
❿ 단풍이 예쁘게 물들었다고

받아쓰기 4-1

❶ 건강하게 잘 지내고 있니?
❷ 그때는 정말 즐거웠단다.
❸ 이번에는 너를 초대하고 싶어.
❹ 맛있는 음식도 많이 먹고
❺ 즐겁게 지냈으면 좋겠어.
❻ 어저께도 홍시 하나
❼ 우리 오빠 오시걸랑
❽ 맛 뵐려구 남겨 뒀다
❾ 우리 편이 조금 앞서 있었다.
❿ 내 짝 민지 차례가 되었다.

받아쓰기 4-2

❶ 민지가 찬 공과 부딪쳤다.
❷ 공에 걸려 넘어지고 말았다.
❸ 민지를 일으켜 줘야 하나?
❹ 얼굴이 빨갛게 변해 있었다.
❺ 옷에는 흙이 묻어 있었다.
❻ 나에게 눈길도 주지 않았다.
❼ 머리를 쓰다듬어 주셨다.
❽ 어깨가 으쓱하였다.
❾ 집으로 가는 발걸음이 가벼웠다.
❿ 제가 쓴 시가 뽑혀서

받아쓰기 4-3

❶ 시를 읽으며 흐뭇해하셨다.
❷ 어머니의 손이 따스하였다.
❸ 백두산 아래 외딴 마을에
❹ 품삯을 받고 남의 일을 해 주며
❺ 곧장 약초를 찾으러 떠났습니다.
❻ 바위 위에 주저앉았습니다.
❼ 젊은이, 여기는 무엇하러 왔나?
❽ 곳곳에 씨앗을 뿌렸습니다.
❾ 발을 옮길 힘조차 없었습니다.
❿ 병이 씻은 듯이 나아

받아쓰기 5-1

1. 딱지를 쳐서 뒤집어야 합니다.
2. 원 밖으로 쳐 내서 따먹습니다.
3. 아기가 태어났을 때는
4. 입 안에 이가 하나도 없습니다.
5. 육 개월쯤 되면
6. 앞니 두 개가 나오기 시작합니다.
7. 이렇게 나기 시작한 젖니는
8. 세 살 정도 되면 스무 개쯤
9. 이갈이를 시작하여 열세 살이 되면
10. 스물여덟 개의 새 이가 납니다.

받아쓰기 5-2

1. 이를 소중히 여겨야 합니다.
2. 평소에 이를 깨끗이 닦는 습관
3. 소나무 향을 맡으며
4. 흙을 밟고 걸을 수 있습니다.
5. 오솔길이 끝나는 곳에
6. 흔히 볼 수 없는 들꽃이
7. 채소밭에는 채소들이
8. 햇빛을 받으며 푸릇푸릇하게
9. 열매 맺는 모습을
10. 푸른숲수목원에서 아름다운 자연을

받아쓰기 5-3

1. 자연에서 색을 얻어
2. 옷감에 물을 들였습니다.
3. 천연 염색의 재료는
4. 치자를 끓이면 노란색 물이
5. 공기와 닿으면 파란색이 됩니다.
6. 동물 염료로는 오징어 먹물과
7. 벌레, 조개 등이 있습니다.
8. 보드라운 짚을 넣어 준다.
9. 토끼에게 젖은 풀을 주면
10. 하루 정도 그늘에서 말렸다가

받아쓰기 6-1

1. 우리 동네 놀이터에는
2. 그런데 쓰레기통을 없애면서
3. 쓰레기를 아무 데나 버리게 되었습니다.
4. 훨씬 깨끗해질 것이라고 합니다.
5. 제때에 비우지 않으면
6. 놀이터가 지저분해지기도 합니다.
7. 쓰레기통을 놓으면 안 됩니다.
8. 길을 넓히려면
9. 길가의 나무를 많이 베어야
10. 공기도 나빠지게 돼요.

받아쓰기 6-2

❶ 길이 좁으니까 참 불편해요.
❷ 물건을 실어 나르기 어려워요.
❸ 쉽게 결정을 내리지 못하였습니다.
❹ 아씨가 낮잠이 들었습니다.
❺ 옷감의 넓고 좁음, 길고 짧음
❻ 입을 삐쭉이며 따지듯이 말하였습니다.
❼ 자르지 않으면 무슨 소용이
❽ 앉아서 듣고만 있던 새침데기 바늘
❾ 구슬이 서 말이라도 꿰어야 보배
❿ 코웃음부터 한 번 치고

받아쓰기 6-3

❶ 에헴, 말참견 좀 해야겠다.
❷ 다칠세라 밤낮 시중드는 것도
❸ 제 모양 잡아 주는 것이 누군데요?
❹ 구겨지고 접힌 곳을 말끔히
❺ 그래야 옷도 맵시가 나지요.
❻ 교실이 매우 지저분합니다.
❼ 휴지를 마구 버리지 맙시다.
❽ 이름을 꼭 써서 붙입시다.
❾ 교실 바닥에 떨어진 학용품
❿ 버려지는 학용품이 없으면 좋겠습니다.

받아쓰기 7-1

❶ 맛있는 풀잎이 참 많구나!
❷ 다짜고짜 강물에 뛰어들었습니다.
❸ 숲이 금세 시끄러워졌습니다.
❹ 그런데 이게 웬일이죠?
❺ 물새들도 덩달아 호들갑을 떨었습니다.
❻ 하마가 눈알을 잃어버렸다!
❼ 흙탕물에서 어떻게 눈알을 찾니?
❽ 물속을 헤집고 다녔습니다.
❾ 강물은 점점 뿌옇게 변하고
❿ 야단맞고 쫓겨났군. 안됐다.

받아쓰기 7-2

❶ 쟁반같이 둥근 달
❷ 학교가 나뭇가지에 걸렸어요.
❸ 새장처럼 얽어 놓은 창문에
❹ 한참을 헤매다가 푯말을 발견하였습니다.
❺ 머리가 땅바닥에 닿았습니다.
❻ 땅을 짚고 물구나무섰습니다.
❼ 웬일인지 말을 듣지 않았습니다.
❽ 금빛 왕관을 가지고 와서
❾ 임금님이 되신 것을 축하합니다.
❿ 발에다 씌워 드릴게요.

받아쓰기 7-3

❶ 안 돼. 난 머리에 쓸 테야.

❷ 똑바로 서려고 안간힘을 썼습니다.

❸ 책상 위에 팔꿈치를 세워

❹ 머리를 비스듬히 괴고 있는

❺ 종이에 부딪칠 만큼 고개를 숙이고

❻ 머릿속에 번갯불처럼 스치는

❼ 작문 시간이 끝날 무렵

❽ 무슨 소가 세 발밖에 없단 말인고?

❾ 교실 뒷벽 한가운데에

❿ 손수 붙여 놓으셨습니다.